دار جامعة حمد بن خليفة للنشر
صندوق بريد 5825
الدوحة، دولة قطر

www.hbkupress.com

الطبعة العربية الأولى عام 2023

الترقيم الدولي: 9789927164057

تمت الطباعة في بيروت-لبنان.

مكتبة قطر الوطنية بيانات الفهرسة – أثناء – النشر (فان)

النعيمي، جبر، مؤلف.

عازف القربة / تأليف جبر النعيمي ؛ رسوم نور مصطفى. الطبعة العربية الأولى. – الدوحة، دولة قطر : دار جامعة حمد بن خليفة للنشر، 2023.

28 صفحة : إيضاحيات ملونة ؛ 28 سم

تدمك: 978-992-716-405-7

1. قصص الأطفال العربية. 2. الكتب المصورة. أ. مصطفى، نور، رسام. ب. العنوان.

PZ10.731. N356 2023

892.737– dc23

20232864492x

عازف القِربة

تأليف: جبر النعيمي

رسوم: نور مصطفى

دار جامعة حمد بن خليفة للنشر
HAMAD BIN KHALIFA UNIVERSITY PRESS

عادَ أحمدُ إلى قرْيتِهِ بعدَ عشرِ سنينَ على سفَرِه إلى مَدينةٍ في بلدٍ بعيدٍ، وإقامتِه فِيها.

عمِلَ أحمدُ في المدينةِ طوالَ تلكَ السنواتِ، وتعلَّمَ لغةَ سُكَّانِها، وتعرَّفَ على عاداتِهم التي كانتْ تختلِفُ تمامًا عنْ عاداتِ أهلِ بلدِهِ.

وجمعَ أحمدُ منْ عملِه ثرْوةً صغيرةً، تُمكِّنُه منَ الزواجِ وبناءِ بيتٍ بسيطٍ في القريةِ.

أحـاطَ أحمـدُ منزلَـهُ القـرويَّ بحديقـةٍ كبـيرةٍ زرعَ فيهـا الزهـورَ عـلى أنْواعِها وبعْـضَ الخَضْراواتِ.

وفي أحـدِ أرْكانِ الحديقـةِ أنْشـأَ خُـمًّا كبـيرًا لِلدجـاجِ. ومـعَ مُـرورِ الوقْـتِ، صـارتِ الدجاجـاتُ تُنْتِـجُ البيْـضَ بِوفـرةٍ، فـكانَ يـأكلُ بعضَـهُ ويبيـعُ الباقيَ.

كانَ أحمـدُ قـدْ أحـضرَ معَـهُ مـنَ المدينـةِ آلةَ نفخٍ موسـيقيةً، أحـبَّ صوْتَها، وتعلَّـمَ العـزفَ عليهـا بمهـارةٍ عاليـةٍ، تسـمَّى «القِرْبـةَ» أو «الجِرْبةَ».

اعْتادَ أحمدُ كلَّ مساءٍ، أنْ يعزِفَ على القِرْبَةِ، كَيْ يرتاحَ، ويُسلِّيَ نفسَهُ.

كانتْ نسَماتُ الهواءِ تحمِلُ صوتَ القِرْبةِ إلى أرجاءِ القرْيةِ؛ وكانَ الأطفالُ والنِّساءُ ينْجذِبونَ لِلألْحانِ، ويسيرونَ نحوَ بيتِهِ، ليشاهِدوا أحمدَ عنْ قُرْبٍ وهوَ يعزِفُ على آلتِهِ الغريبةِ.

أمَّا الرجالُ، فكانُ معظمُهم يَستهجنُ صوتَ هذهِ الآلةِ الذي لمْ يسمَعُوا مثلَه منْ قبلُ.

لاحظَ رجالُ القرْيةِ أنَّ صوتَ القِرْبةِ يجذِبُ الأطفالَ والنساءَ، ويأخُذُ بقُلوبِهِمْ؛ فيعودونَ إلى منازِلِهم وهمْ يُدنْدِنونَ ألحانَها.

عقدَ رجالُ القرْيةِ اجتماعًا معَ مُفْتي القريةِ وعُمْدَتِها، لاتِّخاذِ قرارٍ بشأنِ هذا الوَضْعِ المُسْتغْرَبِ.

وأخبرَهُم المُفْتي أنَّ العزْفَ على آلةٍ غريبةٍ عنِ المُجْتمعِ أمرٌ مكْروهٌ.

في اليومِ التالي، قصدَ الرِّجالُ والمُفتي والعُمدةُ بيتَ أحمدَ، وطلبُوا منهُ التوقُّفَ عنِ العزْفِ على آلَتِه الغريبةِ!

استغْربَ أحمدُ طلبَهُم! وأوْضحَ لهُم كمْ يُحبُّ هوَ المُوسيقَى، وأخبرَهُمْ عنْ علاقتِه القويَّةِ بالقِرْبةِ التي تمنحُهُ الرَّاحةَ والبهْجةَ.

وقـالَ لهُـم بِنـبْرةٍ واثِقـةٍ: «لا أسـتطيعُ التوقُّـفَ عـنِ العـزْفِ عـلى القِرْبـةِ، فصوْتُها يُطربُنـي، وسـأكونُ حزينًا جـدًّا إنْ لم أعـزِفْ عليْها».

أصرَّ المُفتي والرِّجالُ على موقفِهِم، وطلبُوا منْهُ أنْ يُغادِرَ القريةَ إنْ لمْ يتوقَّفْ عنِ العزفِ على قربتِهِ.

وعَدُّوا انتِشارَ هذا النوعِ من المُوسيقَى في أنْحاءِ القريةِ، مُتناقِضًا معَ تقاليدِهِم الموسيقيةِ.

جمعَ أحمدُ أغراضَهُ وحمَلَها على ظهرِ حِمارِهِ، وأقفلَ بابَ بيتِهِ، وغادرَ القريةَ آخذًا القِرْبةَ معَهُ.

سمعَ أحمدُ الرجالَ منْ خلفِه يقولونَ: «فلتأكُلْهُ الذئابُ هوَ وحمارَهُ!»

اسْتقرَّ أحمدُ في أحدِ الكُهوفِ في الجبالِ البعيدةِ. وواصلَ العزْفَ على قِرْبتِه.

صـارتْ ألحانُـهُ حزينـةً بعـضَ الـشَّيءِ، وتُعـبِّرُ عـنْ وحدتِـهِ وفقدانِـهِ لحديقتِـهِ وقريتِـهِ؛ لكـنْ رغـمَ ذلـكَ، كانـتِ الألحـانُ تمْـلأُ قلبَـهُ بِمشـاعرِ الحـبِّ والسـلامِ.

ومـعَ مـرورِ الأيـامِ، لاحـظَ أنَّ مجموعـةً مـنَ الذئـابِ كانـتْ تقـتربُ مـنْ بـابِ الكهـفِ، وتسـتمِعُ إلى عزفِـهِ الجميـلِ، ثـمَّ تَعـوِي بتناغـمٍ تـامٍّ مـعَ ألحـانِ القِرْبـةِ بمـا يُشـبِهُ العويـلَ.

وهكذا تكوَّنتْ علاقةُ ودٍّ وصُحبةٍ بينَ أحمدَ والذئابِ.

ذاتَ يومٍ، هاجمتِ القريةَ عِصابةٌ منَ الأشرارِ، واستوْطنتْ فيها، وتمكَّنَتْ منْ فرْضِ سيْطرتِها على السُّكانِ.

ولمْ يَسلمِ العُمدةُ والمُفتي منْ شرِّهِم، وصارا ينْصاعانِ لأوامرِهِم مُكرهَيْنِ كالجميعِ.

سمِعَ المُفتي يومًا أفرادَ العصابةِ وهُمْ يتحدَّثونَ عنْ رجُلٍ مُخيفٍ، روَّضَ الذئابَ بعزفِهِ على آلةٍ موسيقيةٍ غريبةٍ.

حزَرَ المُفتي أنَّ أحمدَ هُو الرجلُ المقْصودُ، وخطرتْ لهُ فكرةٌ قدْ تُنقِذُ القريةَ منْ شرِّ العِصابةِ!

في اليومِ التالي، تسلَّلَ المُفتي منَ القريةِ عندَ الفجْرِ، وسارَ في البرِّيةِ قاصِدًا الجبالَ البعيدةَ.

وبعْدَ مسيرٍ طويلٍ، سمِعَ صوتَ العزْفِ على القِرْبةِ، وسمِعَ عُواءَ الذئابِ أيضًا. شعرَ بالخوفِ، لكنَّه تابعَ سيْرَهُ حتى اهْتدَى إلى الكهفِ.

رحَّبَ أحمدُ بضيفِهِ، واسْتمَعَ إلى كلامِهِ عنِ العِصابةِ التي احتلَّتِ القريةَ وتحكَّمتْ في أهلِها. واقترحَ المُفتي عليهِ أنْ يأتِيَ إلى القريةِ، ويعزِفَ على القِرْبةِ مُصطحِبًا الذئابَ معَه لتُهاجِمَ رجالَ العصابةِ، حتى يُصابوا بالذُّعرِ ويولُّوا هارِبينَ.

وافَقَ أحمدُ على تنفيذِ الخطةِ، ووعدَ المُفتي بالقُدومِ ليلةَ الجمعةِ بعدَ أسبوعٍ.

وشدَّدَ على ضرورةِ بقاءِ السُّكانِ في منازلِهِم، وإغلاقِ أبوابِهِم، وحمايةِ بهائمِهِم في الليلةِ المُنتظرةِ.

وأَوصاهُ بأنْ يُبْقِيَ أمرَ الخطَّةِ سرًّا، كيْ لا يتناقلَ السكانُ الخبرَ، فَيَصِلَ إلى رجالِ العصابةِ عنْ غيرِ قصدٍ!

وقالَ أحمدُ: «إذا خسِرْنا عنصُرَ المُفاجأةِ، فقدْ تفشَلُ الخطةُ، وتتحضَّرُ العصابةُ لمواجهةِ الذئابِ، وعندها تُحكِمُ سيْطرتَها على القريةِ أكثرَ فأكثرَ».

في الليلـةِ الموعـودةِ، سـارَ أحمـدُ بصمـتٍ نحـوَ القريـةِ، وسـارتْ خلفَـهُ الذئـابُ، وهـيَ تنتظـرُ أنْ يبـدأَ العـزفَ حتَّـى تبـدأَ بالعـواءِ.

ومـعَ وصولِـهِ، شـقَّتْ ألحـانُ القِرْبـةِ وعُـواءُ قطيـعِ الذئـابِ المُخيـفُ صمـتَ الليـلِ.

دبَ الرُّعـبُ في قلـوبِ أهـلِ القريـةِ القابعـينَ في بيوتِهـم. وتجمَّعـتِ الحيوانـاتُ الخائفـةُ في زوايـا زرائبِهـا.

وأصابـتِ المفاجـأةُ رجالَ العصابـةِ بالذُّعرِ الشـديدِ، وأخـذوا يتقافزونَ مـنَ النوافِـذِ كالفِـئرانِ، وامتَطَـوا خيولَهُـم، وولَّـوا هاربـينَ دونَ رجعةٍ.

انسحبَ أحمدُ معَ الذئابِ منَ القريةِ، وابتعدَتْ أصواتُ القِرْبةِ وعُواءُ الذئابِ رويدًا رويدًا حتى غابتْ، فهدأتِ القريةُ منْ جديدٍ.

ومعَ شروقِ الشمسِ، احتفلَ الأهالي بِخلاصِهِمْ منَ العِصابةِ.

وزارَ أعيانُ القريةِ أحمدَ في كهْفِهِ، حاملينَ لهُ الهدايا، ورسائلَ الشُّكرِ، ودعواتِ أهلِ القريةِ كيْ يعودَ إلى بيتِهِ.

استقبلَهُم أحمدُ بالتَّرْحابِ، وأخبرَهُم بأنَّهُ يريدُ البقاءَ معَ أصدقائِهِ الذئابِ.

لكنَّهُ فرِحَ أشدَّ الفرحِ، حينَ طلبَ منْهُ العُمدةُ أنْ يُعلِّمَ أبناءَ القريةِ العزفَ على القِرْبةِ.

ومنذُ ذلكَ الحينِ، صارَ صوتُ القِرْبةِ، أو الجِرْبةِ، يُسمعُ في المُناسباتِ، معَ أصواتِ الآلاتِ الموسيقيةِ المعْهودَةِ، منْ طبلٍ وطارٍ وعودٍ وناي.